o amor são
tontas coisas

michel de oliveira

© Moinhos, 2021.
© Michel de Oliveira, 2021.

Edição:
Camila Araujo & Nathan Matos

Assistente Editorial:
Karol Guerra

Revisão:
Ana Kércia Falconeri Felipe

Capa:
Sergio Ricardo

Projeto Gráfico e Diagramação:
Luís Otávio Ferreira

Nesta edição, respeitou-se o Novo Acordo Ortográfico da Língua Portuguesa.

Dados Internacionais de Catalogação na Publicação (CIP) de acordo com ISBD

O48a
Oliveira, Michel de
O amor são tontas coisas / Michel de Oliveira.
- Belo Horizonte, MG : Moinhos, 2021.
72 p. ; 14cm x 21cm.

ISBN: 978-65-5681-046-1

1. Literatura brasileira. 2. Poesia. I. Título.
2021-238
CDD 869.1
CDU 821.134.3(81)-1

Elaborado por Vagner Rodolfo da Silva - CRB-8/9410

Índice para catálogo sistemático:
1. Literatura brasileira : Poesia 869.1
2. Literatura brasileira : Poesia 821.134.3(81)-1

Todos os direitos desta edição reservados à
Editora Moinhos — Belo Horizonte — MG
editoramoinhos.com.br | contato@editoramoinhos.com.br

eu preciso de mais uma tarde com você
uma tarde

ou meia tarde
ou uma hora
ou quarenta minutos

eu preciso de mais trinta
segundos com você

André Dahmer, *A coragem do primeiro pássaro*.

desejos

como
eu te amo

amar
entrar pelo cano
descobrir o infinito
depois do buraco

9 o amor são
tontas coisas

há três dias treino apneia
pra mergulhar no seu abismo
                    e demorar

porno grafia

quem dera minhas palavras
suscitem algum desejo
pelo bom uso da língua
lambam os ouvidos em arrepio
desçam pelas costas tão certas
para penetrar rijas no centro
em papo reto
na fonte do medo
e por um instante
num tremor sem trema
falem de beijo em vocábulos gregos

11 o amor são
tontas coisas

é só entrar em ti
pra sair de mim

meus pequenos
encontram teus grandes
lábios

no silêncio do gemido
falamos a mesma
língua

me entorpecer entre
teus pelos

inalar essa droga
                      você

pensar em Madonna
com peitos de cone

te mandar embora
sem despedida

chorar agarrado
a seu resto no travesseiro

meus dedos
procuram
teus cravos
e mucos
relevos
e sulcos

Bauman nada sabe do amor

De sólidos bastam ossos
e pedras no caminho
a areia nos olhos
também a dureza dos dias

Para amar é preciso
sair do conhecimento
da métrica
da filosofia

Amar em derrame
como a cachaça do bêbado
queimando a garganta
para segurar a vazão
de calar: ainda te amo

Amor depende do meio líquido
corpo se derramando
pedindo que entre
agora
antes que seja tarde

A ebulição do sangue
faz a carne sólida
eu deságuo
você me bebe

Amor só cresce
em solução aquosa
suor
saliva
porra, Bauman

a dádiva de provar leite
que não jorra de tetas

o prazer de deleitar seios
que não alimentam

o mistério de comer
sem usar colher

que diferença faz
se por cima
ou por baixo
na frente
ou atrás
se cospe
ou me engole
o que importa
   é mais

18 o amor são
tontas coisas

desengasgo de consciência

falo agora que entendo
com estas palavras duras
depois de aprender
nem sempre chorar
é sofrer

sobre mim
sobre você
sobre qualquer
                coisa

qualquer coisa
sobre mim
sobre você

mim
sobre
você

você
sobre
mim

coisas

20 o amor são
tontas coisas

às vezes até gosto de você
uso a língua pra não esquecer
que gosto

a umidade relativa
do corpo prenuncia
                enchente

diz sua
eu suo

dia santo

você secando ao vento
depois do terremoto
é tudo que espero
                no feriado

no inferno
de sua boca
pago meus
pecados

24 o amor são
tontas coisas

paixão de férias

no mar
o amor
flutua

e eu afundo
sem respirar

lugar de silêncio

ai, fala
como posso chegar em
você sem dizer
nada?

acampar sem linguagem
pastar no vasto oco
que não é vazio?

como posso estar
sem precisar dizer?
habitar sem fazer
                    sala?

onde moro em você
pousando leve?
sem barulho que
perturbe o sono?

vai, fala
que eu calo

ninguém vai mudar o mundo
tampouco podemos deixar como está
beije a boca de quem ama
                              se ama
e viva a revolução

sim
é um amor magro
insuficiente

mas nada impede
prove um pedaço

Preciso de um amor impróprio
já chega, propriedade privada
protocolo
cartão de ponto
certidão de casamento
atestado de bons antecedentes
óbito

Quero amor que me consuma
língua pra me desapropriar
dedos que me devastem
boca que me deguste
cuspe que em mim deságue

Basta de amor ao amor
quero desarmar
por instinto e ânsia
que me sue amar
dos poros dilatados

Amar que me seja diáspora
déspota pouco esclarecido
turve minha vista, amar
carrego olhos cegos de tanta luz
tenho carnes poucas, mas fartas

Ahhhh [suspiro fundo]
do amor-próprio, quero distância

29 o amor são
tontas coisas

nem posso dizer que te amo
ainda não escovei os dentes

30 o amor são
tontas coisas

se você não tem medo
da granada que trago no peito
eu tenho

sobre te amar

às vezes, sim, pela manhã
também no correr da tarde
certo que talvez à noite
na madrugada, é claro

depois de amanhã
                    também

O amor são tantas coisas
esperar que chegue sábado
você com o cabelo lavado
nos dentes um pouco de medo

Tocar primeiro seus olhos
cheirar depois os lábios
pedir sem dizer nada que sim

O amor são tontas coisas
esquecer a mão no fogo
brasas estalando nas veias
pés sempre prontos a ficar

Depois de amanhã, domingo
virá a preguiça de dizer te amo
e a certeza de fugir cada vez mais
                                    pra dentro

uma mãe ama
porque ama

um homem ama
porque ama

uma sapatão ama
porque ama

um gato ama
porque ama

uma bicha ama
porque ama

um menino ama
porque ama

uma travesti ama
porque ama

um fiel ama
porque ama

uma puta ama
porque ama

um cego ama
porque ama

eu te amo
por quê? amo

apego

te quero
criança ao chegar da escola
assiste desenho sem se preocupar
com deveres e contas

te quero
senhora que pensa no sal do arroz
lembra dos seios ainda inertes
enquanto tece um cachecol

te quero
homem com as mãos calejadas
prazer de trabalhar e comer
um prato fundo de feijão

te quero
mulher que sabe das águas
na escavação em caverna úmida
descobrindo o avesso com as mãos

te quero
tantos
incompleta
agora

amanhã alguém vai morrer
espero que não seja você

antes o suspiro
depois o beijo
agora o amor
por fim o medo

destroços

depois da tempestade
sempre vem a bagunça

problema matemático

eu fiz meu certo
você fez seu certo
somando é que deu
errado

não correspondido

na beira [do fundo]
                do poço
gritei seu nome
o eco não retornou

a sala era de estar
você decidiu partir

dor de amar

aqui dentro
padece a próstata
por represar a porra
que queria te dar

imã

polos iguais
se repelem

me aproximo
você
       foge

agora

nos jardins nascem
flores de plástico

brotam nos corações
sentimentos de vidro

dormem nas camas
medos artificiais

não mais a carne
teus dentes
o suor dos abraços

resta apenas a imagem
estática
que vaga

enquanto erro
pra encontrar
te perco a mim

no fim nem choveu
você não voltou
e eu continuo aqui
          esperando

tua solidão
é tão sozinha
que não consegue
encontrar a minha

mais de uma vez

pensei em te ligar
mais de uma vez

pensei em te escrever
mais de uma vez

pensei em te querer
mais de uma vez

pensei em te procurar
mais de uma vez

pensei em te esquecer
mais de uma vez

e sempre

o mundo estava acabando
te liguei sem pensar
[depois de pensar muito]
mas nem assim atendeu

entre mim

e

você
a distância de dois vazios

galopada

meu coração bate
aos galopes dos cavalos
que cavalgam no peito

correm selvagens sem rumo
a esmagar morangos silvestres
nascidos no descampado

escorre por dentro jorro vermelho
de aroma insistente e doce
a tingir tudo de rubro

não sei se poesia ou sangue

não sei voar

era mais seguro
me atirar de qualquer prédio
do que me lançar de cabeça
na loucura que criei
e cair sem pausa no vazio
que chamo você

a lembrança, o pó
acumulam nos dias que repetem
de ontem e hoje

talvez amanhã

lembro do que devo esquecer
esqueço o que quero lembrar
os olhos se afogam na ânsia
nublados de não te encontrar

ecoa sua voz no vazio dos ouvidos

seu nome?
sei, mas não
       repito

no peito retumba uma dor
lamento de espasmos graves
incerteza de tudo que sei
promessas do que esqueci

sinto seu nome
mas não
     grito

ameixas amarelas
amores amargos
amantes rasgados
gotas de Rivotril

Quis mergulhar na tua pele
ondear nos pelos
atracar em tuas costas
habitar teu corpo cada vez mais
até dizer chega

Depois mastigar a mim mesmo
me entregar por inteiro em pedaços
ao desejo de te pedir
ainda que fosse segunda-feira

Quis descobrir tua nuca
me esconder na sombra do pescoço
passear com a língua no teu suor
cravar os caninos na jugular
inocular o veneno de querer em tua carne

Mas se escondeu na penumbra
abafou o pescoço numa gola rolê
desenvolveu antídoto contra minhas palavras
e me entregou ao vazio do silêncio

Cuspi teu nome no asfalto quente
do meu veneno não terá nenhum torpor
beberei eu mesmo, até a última
                              gota

engolir uma por uma
todas essas palavras
que não posso dizer
até lento e gradativo
morrer intoxicado de
silêncio

vou me enforcar
nas cordas vocais
pra não gritar seu
            nome

se me desespero
é por não saber
onde estão teus gestos
nem as cuecas e meias

por favor
não me atire
silêncios

se me diz, espero
pois terei a certeza
que amar não é nada
além de estancar a pressa

treino conjunto

uma amiga disse:
– corri do amor

pensei cá comigo
sempre boto o amor pra correr

[ou o amor que corre de mim?]

nem importa
sei que é dizer amor
e começar a maratona

o amor na frente
bem longe
lá
eu atrás
coração acelerado

corremos em círculos
que nunca se fecham
assim mantemos a forma

sei menos amar
que escrever poemas

sei mais errar

por não chorar
inundo-me
eu rio

uivo à morte do amor

Regurgito a dor como lamento
por dentro todo em pranto
o coração convulsiona um uivo
solfeja em si o vazio

De estilhaços se rasga a alma
pede clemência à sua chaga
sem volta se rompe o grito
amargo sangue tinge a garganta

Com fel e sal tempera as carnes
do amor amarga ausência
não adiantou rogar clemência
com ouvidos moucos se foi

Ignorou o uivo retumbante da dor
de desamar amou a morte
única que afaga a quem padece

ecocardiografia

coração é órgão oco
dentro do peito
retumba
eco
eco
eco
insistente
até que cala

prolapso

fazer do coração tripas
e te colocar pra fora

balanço

perdi dois pendrives
quatro livros
tantas cartas
e palavras gastei

perdi sono
cabelos
apetite
dignidade

perdi respeito a mim
pouco que sempre foi

ganhei noites em claro
olheiras
cabelos brancos
perda

ganhei palpitações
palavras que gastei todas
silêncio

ganhei nova dor no peito
mais do que sempre foi

perdi e ganhei você

no mesmo instante

te amar foi lamber
lâmina de barbear

exercícios pra te esquecer

i
arrancar do peito uma cerejeira em flor

ii
decepar borboletas pra que voltem a ser lagartas

iii
atravessar a nado o fosso do vazio

iv
mastigar as bochechas sem sal

v
forçar até caber num jeans apertado

vi
remendar as estrias da bunda com fio dental

vii
enfiar cotonetes pelo nariz e secar os olhos por dentro

ix
passar rejunte numa fratura exposta

x
ligar pra sua mãe e ameaçar de morte

68 o amor são
tontas coisas

não sei
se amor
ou
remorso

talvez ambos

deixemos de farsa
que adianta dizer
solitude
se continua a ser
solidão?

esquecimento

esqueci você
quando
vejo olhos pequenos
ouço Bach
é inverno

esqueci você
se
bebo leite condensado
leio Nabokov
estou no inferno

esqueci você
em
madrugadas de neblina
xícaras vazias
sonatas de piano

esqueci você
nas
cordas do violoncelo
ruas do centro
portas do cemitério

esqueci
esqueci mesmo
      é sério

Este livro foi composto em ITC Berkeley Oldstyle Std para a
Editora Moinhos, no papel Pólen Soft para a Editora Moinhos.

*

Era janeiro de 2021.
No Brasil, as pessoas sensatas aguardavam ansiosas a vacina.